Así es mi mundo

DINOSAURIOS

por Mary Lou Clark

Traductora: Lada Kratky
Consultante: Orlando Martinez-Miller

Este libro fue preparado
bajo la dirección de
Illa Podendorf,
antes con la Escuela Laboratorio de la
Universidad de Chicago

 CHILDRENS PRESS ™

CHICAGO

Plesiosauro

FOTOGRAFIAS
Richard Wahl—4, 6, 7, 8, 9, 10, 13, 14, 17, 18, 19, 20, 22, 23, 26, 30, 31, 32, 34, 36, 37
Field Museum of Natural History, Chicago—2, 28
James P. Rowan—forro, 24 (2 fotos), 44 (arriba)
Reinhard Brucker—39
National Museum of Natural History, Smithsonian Institution—40 (arriba), 44 (abajo)
Connecticut Department of Economic Development—40 (abajo)
U.S. Department of Interior, National Park Service: Dinosaur National Monument—43
Forro—Modelo hecho en el tamaño natural de Triceratops en el Smithsonian
Institution, Washington D.C.

Library of Congress Cataloging in Publication Data
   Clark, Mary Lou.
   Dinosaurs.
   (A New True book)
   Previously published as: The true book of dinosaurs.
1955.
   SUMMARY: Briefly describes a number of the different
dinosaurs, what came before and after them, why they
disappeared, and how we have learned about them.
   1. Dinosaurs—Juvenile literature. [1. Dinosaurs]
   I. Title.
QE862.D5C54   1981   567.9′1   81-7750
ISBN 0-516-31612-5   AACR2

CONTENIDO

BRONTOSAURO

TIRANOSAURO REX

TRICERATOPS

ESTEGOSAURO

CORITHOSAURO

DIPLODOCUS

CABALLO MODERNO

DINOSAURIOS

La palabra dinosaurio significa "Lagarto terrible." Hace muchos años, más de los que puedas contar, estos grandes animales vivían en la tierra.

En esos tiempos no había gente.

BRONTOSAURO

"El Lagarto Trueno" era tan grande como diez elefantes. Comía plantas.

El Lagarto Trueno tiene otro nombre— Brontosauro. Brontosauro quiere decir Lagarto Trueno.

A veces, los Lagartos
Truenos se paraban en
el agua. Comían las
plantas que crecían allí.
El agua ayudaba a los
Lagartos Truenos a sostener
sus cuerpos pesados.

El "Lagarto Más
Largo" se parecía
mucho al Lagarto
Trueno. También comía
plantas.

¿Puedes imaginarte lo
grande que era?

DIPLODOCUS

Mide una cuerda
ochenta veces más larga
que este dibujo. Así era
de grande el "Lagarto
Más Largo."

ESTEGOSAURO

"El Lagarto Blindado" vivía en la tierra. Comía plantas.

El Lagarto Blindado tenía planchas duras de hueso a lo largo de su espalda. Estas planchas de hueso ayudaban a protegerlo de los lagartos que comían carne.

Había un Lagarto
Brincador. Vivía en la
tierra. Comía carne.

ALLOSAURO

ALLOSAURO
LUCHANDO CON UN
BRONTOSAURO

Los lagartos que comían
carne eran enemigos de los
lagartos que comían plantas.

14

Los lagartos que comían carne perseguían a los Lagartos Truenos cuando salían del agua.

Los Lagartos Truenos eran demasiado pesados para poder escapar. Sólo podían luchar con la cola y con los dientes.

A menudo ganaban los que comían carne.

Pasaron millones y millones de años. Poco a poco ocurrieron cambios.

Los primeros dinosaurios desaparecieron de la tierra. Pero aparecieron otros dinosaurios.

"El Rey Tirano" era el más feroz de todos. El Rey Tirano comía carne. Tenía mandíbulas grandes y dientes afilados.

TIRANOSAURO REX

CORITHOSAURO

"El Lagarto con Pico de Pato" tenía una boca parecida a la de un pato. Tenía muchas hileras de dientes.

PROTOCERATOPS

Uno de los dinosaurios
más pequeños que comía
plantas tenía un pico afilado.
También, en la parte de atrás
del cráneo tenía un hueso
en la forma de un escudo.
Su pico, dientes y cráneo
ayudaban a protegerlo de los
dinosaurios que comían carne.

TRICERATOPS

"Cara de Tres Cuernos" tenía tres cuernos. Tenía un hueso en forma de escudo en la parte de atrás de la cabeza. Los lagartos con cuernos en la cara comían plantas. Usaban los cuernos para defenderse del feroz Rey Tirano.

PLESIOSAURO

En la época de los dinosaurios, vivían en el mar grandes animales que parecían lagartos.

Eran "Casi Lagartos" con pescuezos largos.

Había "Peces Lagartos" que se parecían más a los peces.

ICHTHIOSAURO

Lagarto americano

Iguana

Pasaron millones y millones de años. La tierra cambió. El clima cambió. Los cambios en los dinosaurios grandes no ocurrieron tan rápidamente como debieron. Ellos murieron.

Ahora ya no hay dinosaurios. Pero sí hay animales que pertenecen al mismo grupo de animales que los dinosaurios. Algunos reptiles son como los dinosaurios.

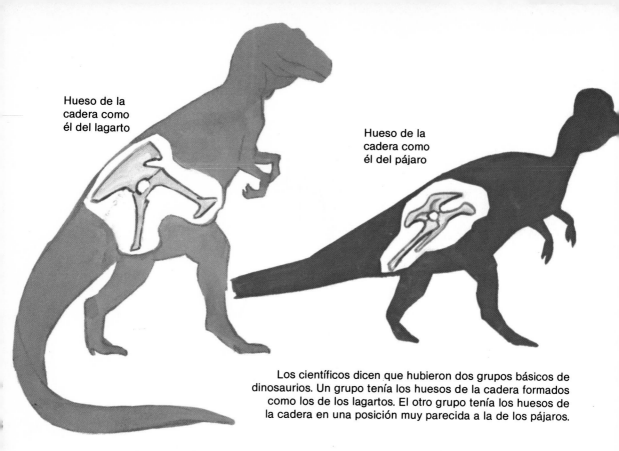

Hueso de la cadera como él del lagarto

Hueso de la cadera como él del pájaro

Los científicos dicen que hubieron dos grupos básicos de dinosaurios. Un grupo tenía los huesos de la cadera formados como los de los lagartos. El otro grupo tenía los huesos de la cadera en una posición muy parecida a la de los pájaros.

Muchos pájaros son como otros dinosaurios, especialmente los pequeños que comen carne. Muchos científicos creen hoy que los dinosaurios estaban más relacionados a la familia de los pájaros.

¿QUE HABIA ANTES DE LOS DINOSAURIOS?

Antes de que hubiera dinosaurios, había muchas otras clases de animales. Algunos vivían en el mar. Algunos vivían en la tierra.

Los primeros animales vivían en el mar. Eran pequeños. Muchos de ellos tenían conchas.

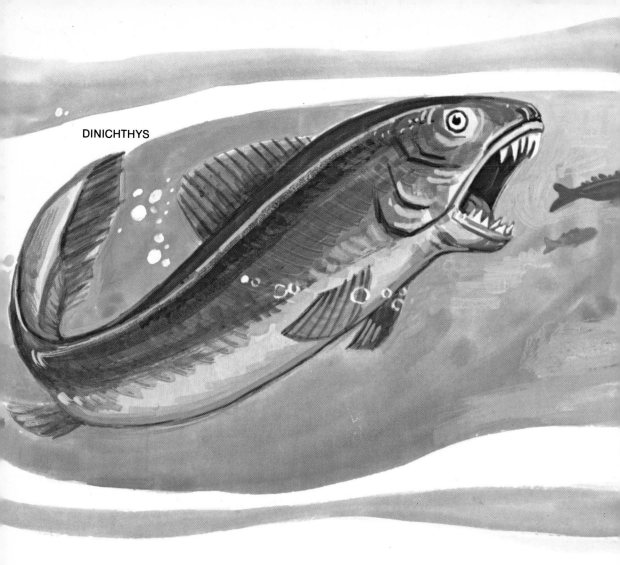

DINICHTHYS

Más tarde aparecieron
los peces.
Uno de los más grandes
de éstos era el "Pez Terrible."

ERYOPS

"Cara Angosta" fue uno
de los primeros animales
que anduvo sobre la tierra.
Su piel era lisa. Podía vivir en
el agua y sobre la tierra.

DIMETRODON

Muchos años antes de que aparecieran los dinosaurios había un animal con "Espalda de Vela" que vivía en la tierra.

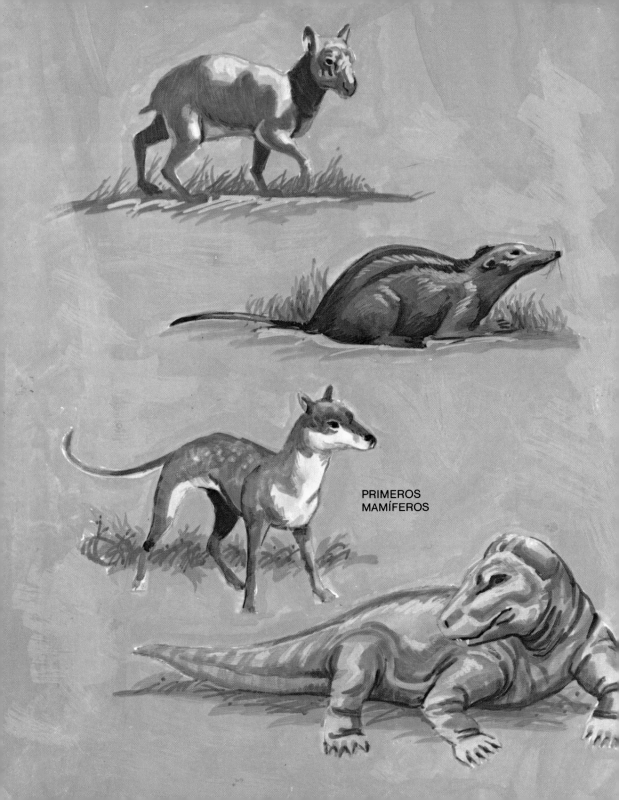

PRIMEROS
MAMÍFEROS

Los dinosaurios ponían huevos. A menudo dejaban que los huevos se empollaran, así como los reptiles lo hacen hoy.

Antes de que desaparecieran los dinosaurios, había unos pequeños animales que se llamaban mamíferos. Los mamíferos son animales que paren a su cría. Le dan de mamar a su cría. A veces los mamíferos tienen que pelear para proteger a su cría.

MAMUT

MASTODONTE

TIGRE DIENTE DE SABLE

¿QUE HUBO DESPUES DE LOS DINOSAURIOS?

Cuando todos los dinosaurios desaparecieran había mamíferos grandes sobre la tierra. Algunos de estos han desaparecido también.

FOSILES:
CUENTOS EN PIEDRA

Si no había gente en el mundo, ¿cómo sabemos de estos animales de épocas pasadas?

Muchos animales han dejado un cuento. El cuento se encuentra en las capas de piedra en la tierra.

Cavando en busca de huesos de dinosaurio en Utah.

Este mastodonte de América del Norte vivió de una costa a la otra de Alaska hasta México.

Huellas de dinosaurio en Connecticut.

Los animales murieron y dejaron sus huesos. Dejaron sus huellas. Se han encontrado muchos de estos huesos y huellas. Se han convertido en piedra. Se llaman fósiles.

La gente estudia los fósiles. Una piedra que tiene un fósil se puede mandar a un museo. En el museo los fósiles se exhiben para que mucha gente pueda verlos.

Los fósiles nos informan sobre el tamaño de los dinosaurios. Nos dicen lo que probablemente comieron.

El científico desentierra huesos de dinosaurio en
Dinosaur National Monument.

Camarasauro

Fósil de un tigre diente de sable encontrado en California.

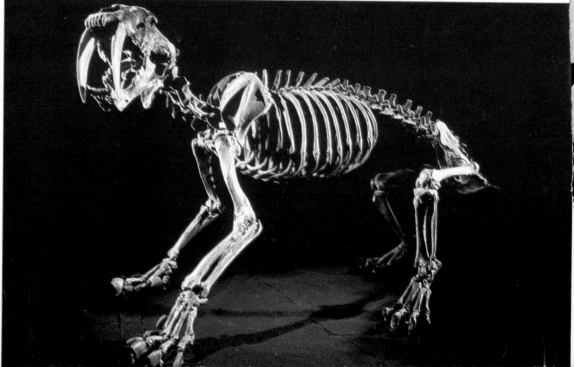

Todavía queda mucho que descubrir sobre el cuento. Los dinosaurios son sólo una pequeña parte de un cuento mucho más grande, el cuento sobre nuestra tierra y cómo ha cambiado.

Algún día querrás leer más acerca del cuento que dicen los fósiles.

PALABRAS QUE DEBES SABER

afilado—puntiagudo

aparecer—ser visto

blindado—cubierto de una capa pesada como conchas o planchas

brincador—que salta

capa—espesor

concha—cubierta dura exterior de algunos animales

cuerno—algo que crece en la cabeza de algunos animales, duro y puntiagudo

desaparecer—no ser visto; desvanecer

dinosaurio—tipo de animal que vivió hace mucho tiempo

enemigo—no es amigo

espalda de vela—con forma de vela

especialmente—de manera especial; más que de costumbre

feroz—peligroso; salvaje; malo

forma de escudo—que se parece a un escudo; generalmente de tres lados

fósil—lo que queda de plantas y animales que vivieron hace tiempo

gran—grande; enorme

hilera—colocado en fila

Lagarto—animal de cuatro patas, cola y un cuerpo cubierto de escama; un reptil

liso—no es áspero; parejo

mandíbula—la parte superior e inferior de la boca

mamífero—animal cubierto de pelo o piel peluda

mar—cuerpo de agua salada

medir—calcular el tamaño de algo

museo—un lugar que guarda y exhibe cosas interesantes y valiosas

pesado—de mucho peso

pico—la parte dura de la boca

pico de pato—con forma de pico ancho y llano como el de un pato

plancha—cubierta dura, huesosa de un animal

probablemente—que tal vez suceda

proteger—guardar; mantener seguro

reptil—animal de sangre fría con espina dorsal y cubierto de planchas o escama

terrible—no es agradable; temeroso; malo

tierra—nuestro mundo; el planeta en que vivimos

tirano—cruel; no es amable

trueno—sonido ruidoso, alto

INDICE

Sobre la autora

Mary Lou Clark recibió el grado de Master of Science en la Universidad de Pittsburgh y su doctorado en la Universidad Estatal de San Diego. Ha enseñado química y física en la escuela secundaria y dirigió un programa de ciencia para niños en la televisión. La Sra. de Clark es casada y tiene cuatro hijos. Ha escrito varios artículos para revistas y cuentos para ambos lectores, jóvenes y adultos.